赵孟頫三门记

中国书法传世碑帖精品

楷书10

华夏万卷 编

CNS
湖南美术出版社

图书在版编目（CIP）数据

赵孟頫三门记 / 华夏万卷编. — 长沙 : 湖南美术出版社, 2018.3

（中国书法传世碑帖精品）

ISBN 978-7-5356-8003-7

Ⅰ. ①赵… Ⅱ. ①华… Ⅲ. ①楷书-碑帖-中国-元代 Ⅳ. ①J292.25

中国版本图书馆 CIP 数据核字(2018)第 081051 号

Zhao Mengfu San Men Ji

赵孟頫三门记

（中国书法传世碑帖精品）

出 版 人：黄 啸
编　　者：华夏万卷
编　　委：倪丽华　邹方斌
　　　　　汪　仕　王晓桥
责任编辑：邹方斌
责任校对：李　芳
装帧设计：周　喆
出版发行：湖南美术出版社
　　　　　（长沙市东二环一段 622 号）
经　　销：全国新华书店
印　　刷：重庆新金雅迪艺术印刷有限公司
　　　　　（重庆市江北区港安二路 37 号）
开　　本：880×1230　1/16
印　　张：2.75
版　　次：2018 年 3 月第 1 版
印　　次：2018 年 6 月第 1 次印刷
书　　号：ISBN 978-7-5356-8003-7
定　　价：20.00 元

邮购联系：028-85939832　　邮编：610041
网　　址：http://www.scwj.net
电子邮箱：contact@scwj.net

如有倒装、破损、少页等印装质量问题，请与印刷厂联系斢换。
联系电话：028-85939809

简介

赵孟頫（1254—1322），字子昂，号松雪道人，又号水精宫道人，湖州（今属浙江）人，谥文敏，故又称『赵文敏』。赵孟頫乃宋太祖后裔，宋亡后，归乡闲居，后来奉元世祖征召，入仕元朝，官至翰林学士承旨、荣禄大夫，官居从一品。他是元代杰出的书画家，『复古』书风的倡导者。赵孟頫书法擅诸体，尤精于楷书及行草。《元史》云：『孟頫篆籀、分隶、真、行、草无不冠绝古今，遂以书名天下。』他的楷书、行草取法晋唐诸家，尤于『二王』书法下力最深，深得晋人书法三昧。楷书一体自唐代登峰造极以来，后世书家鲜有以楷书而著称者。而元代的赵孟頫却是一个例外，他与唐代的欧阳询、颜真卿、柳公权合称『四大楷书家』。与法度森严的唐楷风格有所不同，赵孟頫楷书大有行书意趣，用笔圆熟中见温婉，结字平和中寓奇妙，书风遒媚秀逸、蕴藉妍美，对后世书学影响深远，堪称楷模，世人谓之『赵体』。《三门记》正是『赵体』楷书代表作。

《三门记》，全称《玄妙观重修三门记》。苏州玄妙观是著名的道观，始建于西晋咸宁二年（276），此后屡遭兴废。元成宗元贞元年（1295）改名为玄妙观，此名取自《道德经》中『玄之又玄，众妙之门』一句。元大德六年（1302）赵孟頫书《玄妙观重修三门记》并篆额。《玄妙观重修三门记》碑原在正山门内，『文革』时失落。此作乃墨迹纸本，纵 35.8 cm，横 283.8 cm，现藏日本东京国立博物馆。

修三門記

天地闔闢運乎鴻樞而乾坤爲之戶日

天地阖辟，运乎鸿枢，而乾坤为之户；日

月出入經乎黄道而卯酉爲之門是故

月出入，经乎黄道，而卯酉为之门。是故

建设琳宫，摹宪玄象，外则周垣之联属，

建設琳宮摹

憲玄象外則

周垣之聯屬

灵星之横陈；内则重闳之划开，阊阖之

仿佛非崇嚴

無以備制度

非巨麗無以

仿佛。非崇严无以备制度，非巨丽无以

竦視瞻惟是
勾吳之邦玄
妙之觀賜額

竦视瞻。惟是勾吴之邦，玄妙之观。赐额

改矣，广殿新矣，而三门甚陋，万目所观，

改矣廣殿新

矣而三門甚

陋萬目所觀

譬之於人神觀不足一身之內強弱弗

譬之于人神，观不足一身之内，强弱弗

侔，非欠欤？观之徒严焕文，深念前功，是

圖是究時則有夫人胡氏妙能捐其簪

图是究。时则有夫人胡氏妙能，捐其簪

珥，给其资用。爰壬辰之纪，岁亟先甲以

庬徒曾幾何
時悉更其舊
翬飛丹栱簷

庬徒，曾几何时，悉更其旧。翚飞丹栱，檐

牙高矗于层霄；兽啮铜镮，铺首辉煌于

牙高矗於層霄獸嚙銅鐶鋪首煇煌於

朝日大庭中

敞峻殿周羅

可以尌羽節

朝日。大庭中敞，峻殿周罗。可以树羽节，

可以容鸾驭。可以陟三成之坛，通九关

之奏可以鳴
千石之虡受
百靈之朝氣

之奏；可以鸣千石之虡，受百灵之朝。气

象伟然，始与殿称矣。于是吴兴赵孟頫，

復求記於陵陽牟巘土木云乎哉言語

复求记于陵阳牟巘。土木云乎哉？言语

云乎哉？惟帝降衷，惟皇建极。因人心固

云乎哉惟帝

降衷惟皇建

极曰人心固

有與天下為
公初無側頗
無充塞然或

有与天下为公，初无侧颇、无充塞然。或

者舍近而求
諸遠既昧厥
元欲入而閉

者舍近而求诸远，既昧厥元；欲入而闭

之門復迷所向孰與抽關啓鑰何異擿

之门，复迷所向。孰与抽关启钥？何异擿

埴索涂？是未知玄之又玄，户之不户也。

埴索塗是未知玄之又玄户之不户也

夫始乎沖漠者造化之樞紐極乎高明

夫始乎冲漠者，造化之枢纽；极乎高明

者，中庸之阃奥。盖所谓会归之极，所谓

者中庸之閫奥蓋所謂會歸之極所謂

衆妙之門庸
作銘詩具刊
樂石其詞曰

众妙之门。庸作铭诗，具刊乐石。其词曰：

天之牖民，道若大路。未有出入。不由于

天之牖民道

若大路未有

出入不由於

户而彼昧者
他岐是骛如
面墙壁惟弗

户。而彼昧者，他岐是骛。如面墙壁，惟弗

矚故脫扃剖鐍孰發真悟迺崇珍館迺

瞩故。脱扃剖𫔎，孰发真悟？乃崇珍馆，乃

延飆馭閶闔洞啓端倪呈露四達民迷

延飙驭。阊阖洞启，端倪呈露。四达民迷，

有赫临顾。洛尔羽襹，壹尔志虑。阴阖阳

有赫臨顧洛

爾羽襹壹爾

志慮陰闔陽

闢恪守常度集賢直學士朝列大

辟，恪守常度。集贤直学士、朝列大

夫行江浙
等處儒學
提舉吳興

赵孟頫书并篆额。

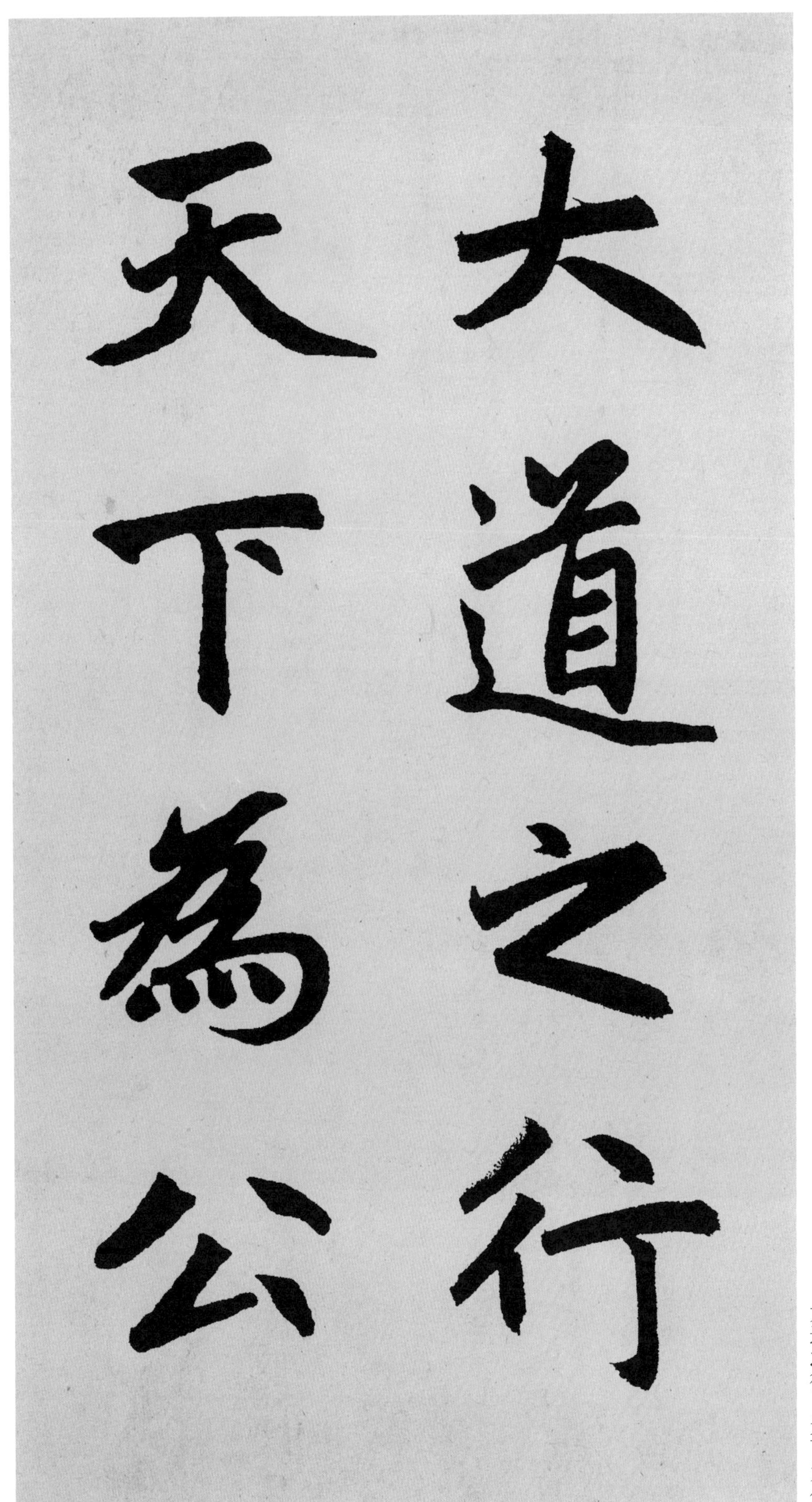

大道之行　天下为公

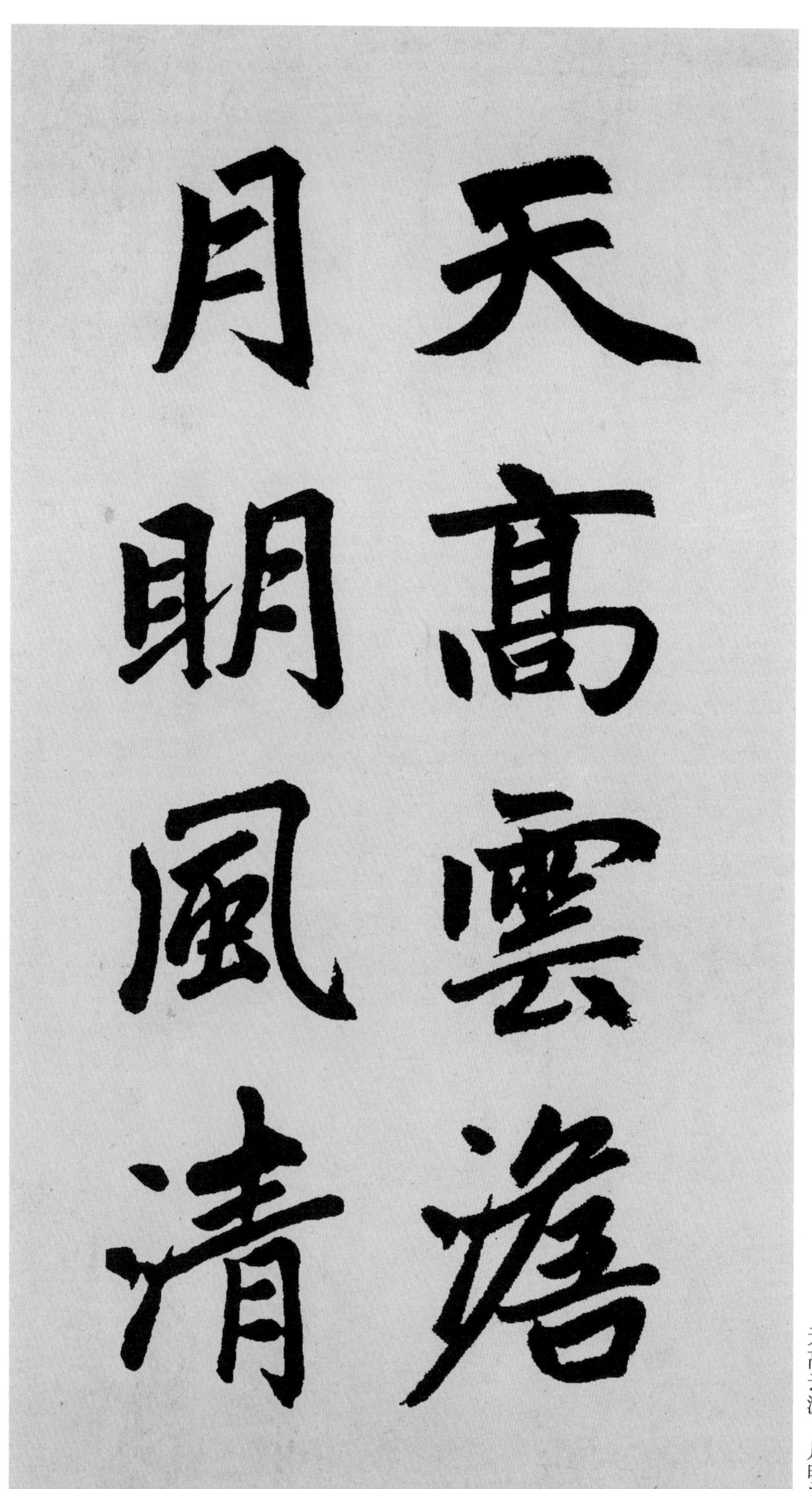

天高云澹　月明风清

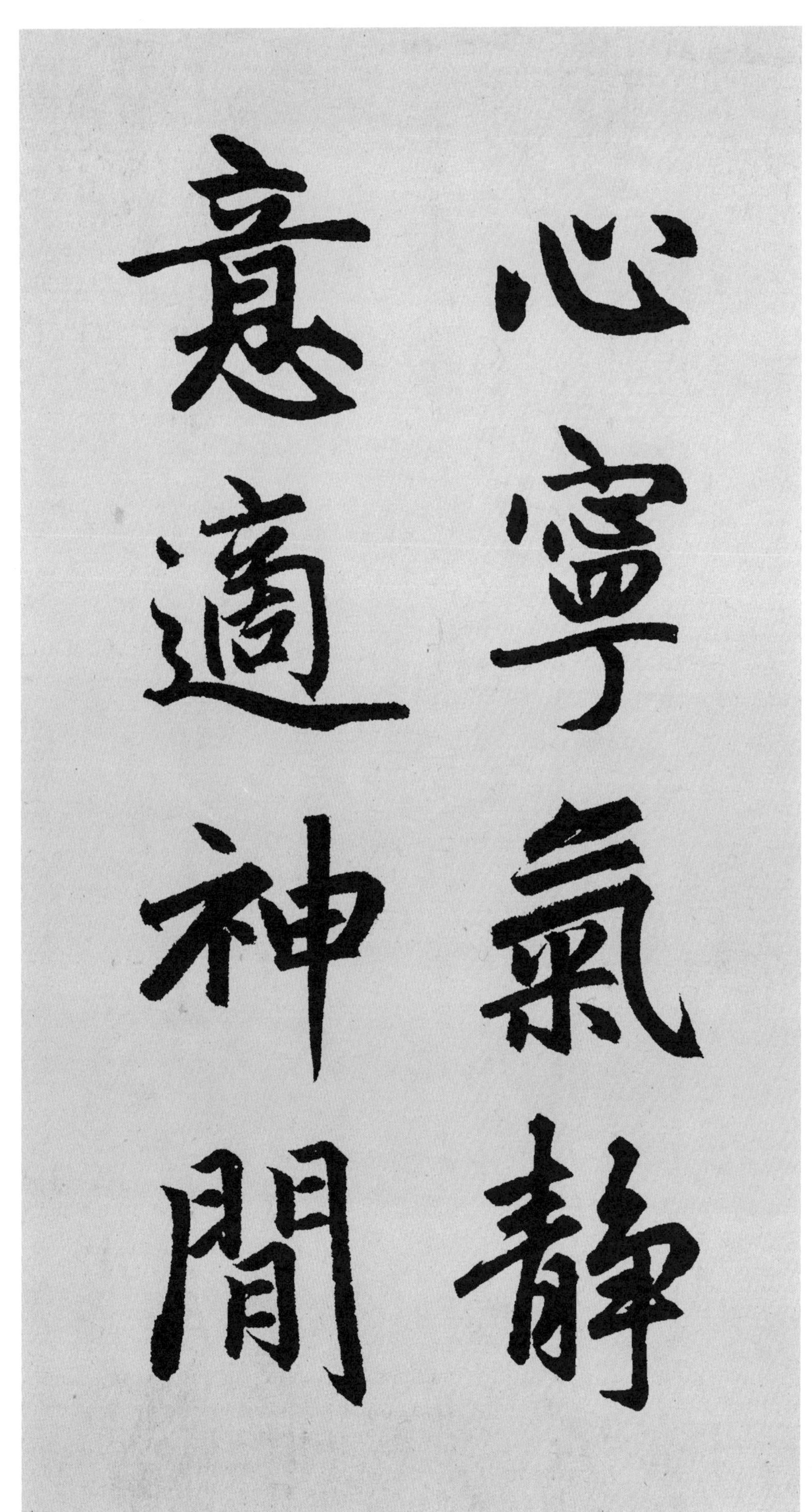

心宁气静　意适神闲

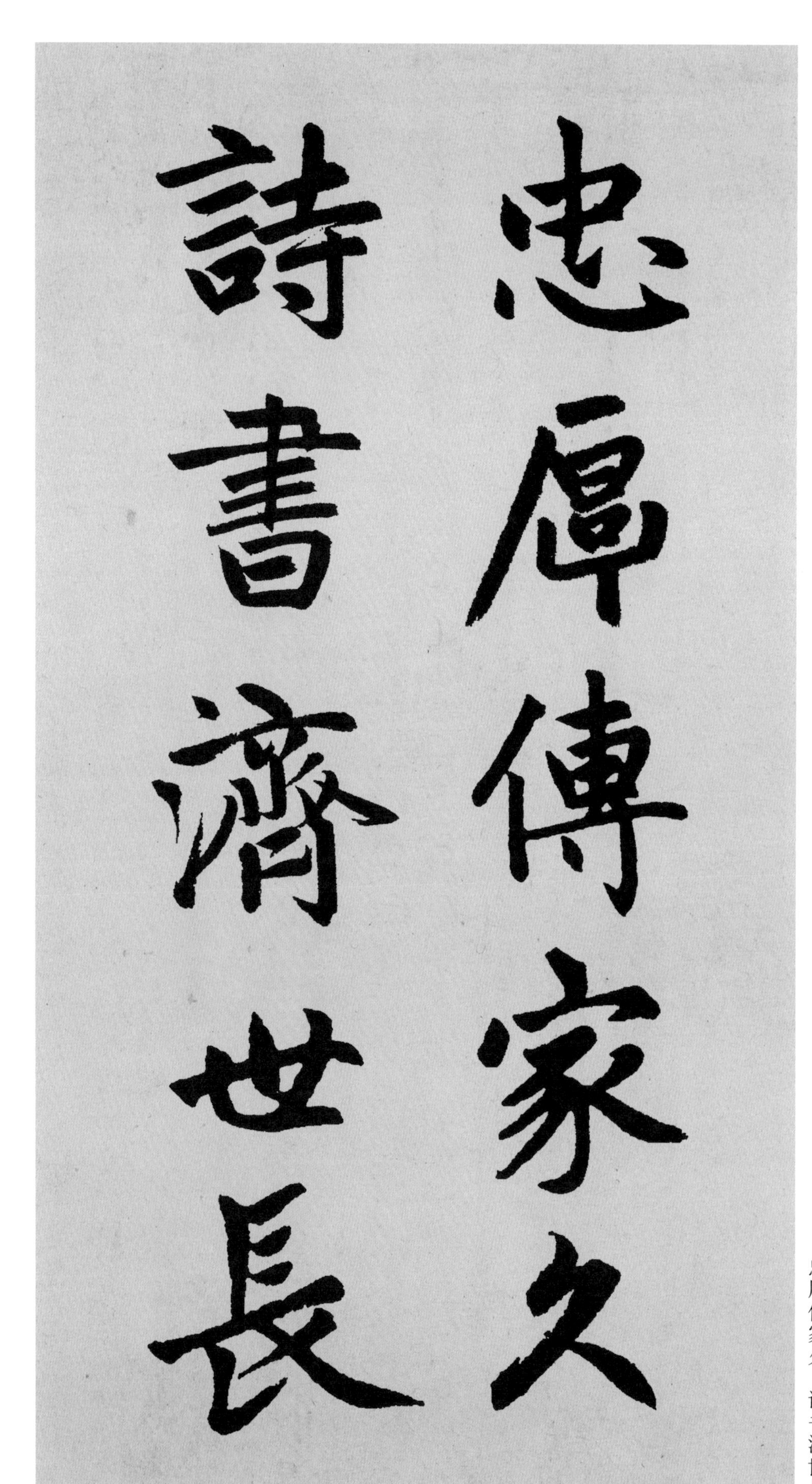

忠厚传家久　诗书济世长